AF564104

SUR LA SITUATION

DES

ANCIENS HABITANTS

DE LA PARTIE FRANÇAISE

de l'Ile de Saint-Domingue,

ET SUR CELLE DE LEURS CRÉANCIERS;

Par M. le comte de Léaumont, ancien Colon.

PARIS,

CHEZ LES MARCHANDS DE NOUVEAUTÉS.

M DCCC XXVI.

COUP-D'OEIL

SUR LA SITUATION

DES ANCIENS HABITANTS

DE LA PARTIE FRANÇAISE

DE L'ILE DE SAINT-DOMINGUE,

ET SUR CELLE DE LEURS CRÉANCIERS.

La force donne la possession, mais elle ne donne pas le droit de posséder. Il a fallu l'ordonnance royale du 17 avril 1825, pour légitimer l'usurpation de la partie française de l'île de Saint-Domingue, par ses habitants actuels, et pour fixer irrévocablement le sort des anciens colons évincés de leur propriété, et chassés d'un sol dont leurs ancêtres avaient donné la souveraineté à la France. Une indemnité de cent cinquante millions est, aujourd'hui, tout ce qu'ils peuvent attendre d'immenses richesses perdues sans retour; dans la plénitude de sa puissance, le Roi l'a ainsi déterminé, voulu, ordonné.

La répartition de cette somme a produit plusieurs ordonnances; elle a même donné lieu à une loi.

Les dispositions de cette loi, celles de ces ordonnances démontrent évidemment par elles-mêmes, combien, pour être non-seulement justes, mais équitables, elles auront à vaincre d'obstacles et de difficultés.

En effet, ces dispositions sont telles, que la conscience de chacun des membres de la commission chargée du pénible travail de la répartition, sera souvent alarmée d'avoir, ou trop accru, ou trop diminué la portion afférente à chaque *indemnisé;* et, quoi que décide la commission, il n'en restera pas moins vrai que la prévoyante sagesse du Gouvernement a voulu que cette répartition fût faite avec autant de justice que d'humanité.

L'espérance que cette *indemnité* ne peut être répartie que d'après ces deux principes, n'en laisse pas moins subsister le regret qu'a fait naître une mesure aussi extraordinaire que celle de la cession et de *l'indemnité;* et ce regret fait sentir vivement l'énorme différence établie par la loi, entre *l'ancien propriétaire à Saint-Domingue, et son créancier.*

En effet, ce dernier conserve tous ses droits contre son débiteur, dont on a anéanti la propriété, propriété sur laquelle reposaient incontestablement le gage de la créance et la possibilité du paiement.

En n'accordant pour *indemnité* aux anciens

colons de Saint-Domingue, que *le dixième* de la valeur approximative de leurs biens, il était de toute justice, de toute équité, de ne rendre saisissable que *le dixième* de cette *indemnité*, et d'éteindre ainsi toutes les dettes contractées dans la colonie.

La nature de ces dettes, ainsi que nous le démontrerons bientôt, n'a rien de semblable aux transactions commerciales qui ont lieu en France.

D'ailleurs, quel avantage immense n'a pas le créancier, en recevant intégralement et comme un *avant-faire-droit*, son *dixième* sur un titre produit et liquidé? tandis qu'il est douteux, impossible même, que le *dixième* accordé au débiteur, soit réellement celui de sa fortune. Par ce seul fait, toute parité cesse entre l'un et l'autre; le premier a un titre positif, quand le second (et le plus grand nombre des colons sont dans ce cas) n'en peut présenter aucun qui constate légalement la valeur de ses propriétés à Saint-Domingue.

La raison de cette différence est simple; mais elle est irréfragable. La colonie fut tout-à-coup inondée de sang et couverte de flammes; on fuyait la mort; on la fuyait sans autre bagage que le vêtement qu'on avait sur soi; comment alors songer à sauver des titres, des papiers? Ceux de ces titres, de ces papiers qui existaient dans les greffes, n'ont été, qu'en partie, préservés de la destruction.

Combien, par cette absence de titres, vont se multiplier les enquêtes, moyen aussi dangereux qu'insuffisant et fautif, et qui s'entachera d'autant plus de ces vices, qu'à peine on pourra trouver deux habitants par chaque paroisse, des quatre-vingt-cinq qui formaient la subdivision de la partie française de l'île! Comment même obtiendra-t-on des déclarations vraies et exactes, de l'habitant le plus voisin de la propriété à évaluer, quand la très-grande majorité des propriétaires ignorait la valeur de ses biens personnels, ainsi que leur produit annuel?

A Saint-Domingue, on était riche sans compter avec soi.

Il résultera de cette impossibilité de fournir des titres, que les trois quarts des *indemnisés* recevront, les uns plus, les autres moins qu'il ne doit leur revenir pour leur *dixième;* mais il n'en sera pas de même pour leurs créanciers; et l'on va dire pourquoi.

A Saint-Domingue, le commerce n'était absolument qu'un commerce d'échange. Des villes maritimes de France expédiaient, pour la colonie, des navires marchands dont la cargaison consistait en objets nécessaires aux besoins de la vie, et en ceux qui font, en France, le plus grand luxe de la table. Ce luxe était porté à un tel excès, qu'il faisait l'étonnement de tous ceux qui, pour la première fois, arrivaient à Saint-Domingue; partout le même, il ne laissait point, comme il laisse en France, apercevoir de différence entre une fortune et une autre; l'hospitalité s'exerçait avec une générosité inconnue en Europe; on voyageait sans avoir besoin d'argent.

Les cargaisons étaient encore composées des produits de toutes les manufactures de France; il n'en existait ancune à Saint-Domingue. Le travail et l'industrie s'y bornaient à obtenir du sol, les denrées coloniales telles que le sucre, le café, l'indigo et le coton, à quoi l'on ajoutait quelques bois précieux de marqueterie et de teinture. Ces denrées étaient données en échange aux navires marchands, et exportées pour les ports de mer d'où ces navires étaient venus.

C'est ce commerce d'échange qui rendit si florissantes les villes de Marseille, de Bayonne, de Bordeaux, de Nantes, du Havre et de Lorient. Ces villes existent, mais moins opulentes, il est vrai, depuis que la colonie, source de leurs richesses, a disparu pour ses infortunés propriétaires qui la cultivaient au profit de la France. Heureux, quoi qu'on en ait pu dire, sous l'administration de leurs maîtres, et malheureux aujourd'hui, quoi qu'on en puisse dire, les anciens esclaves sont devenus propriétaires, et le créole est condamné à ne plus revoir les lieux qui l'ont vu naître : il ne pourra plus prier, ni pleurer sur le tombeau de ses pères.

Long-temps Saint-Domingue avait langui sous le privilége d'un commerce exclusif accordé à des compagnies ; mais le courage et l'industrie des particuliers surmontèrent ces obstacles, et parvinrent à réparer cette faute du Gouvernement. C'étaient des Européens qui traversaient les mers, pour aller tenter fortune, et qui, dans leurs courageux efforts pour acquérir des richesses, et pour retourner aussitôt en jouir dans leur patrie, disaient : « *Nous ne som-* « *mes pas venus à Saint-Domingue pour changer* « *d'air.* »

Ces efforts d'hommes actifs et intelligents furent puissamment secondés par le travail des nègres apportés des côtes d'Afrique, sur des bâtiments français qu'on nommait *négriers*.

Jamais il n'exista un commerce plus lucratif; aussi, Saint-Domingue fut-il bientôt couvert d'Africains, dont le nombre s'accrut à un tel point, que leur population était de vingt noirs contre un blanc.

Dès-lors, le maintien de l'esclavage devint l'objet des plus grandes sollicitudes du Gouvernement. Les ressorts qu'il sut habilement employer à cet effet, se fortifièrent de toute la puissance du préjugé : une ligne de démarcation fortement prononcée, s'établit entre le blanc et le nègre ; elle s'étendit même à la race mélangée qui bientôt résulta du libertinage; la différence qu'elle mit entre ces divers habitants du même sol, frappa tellement l'esprit du nègre, qu'en voyant de ses yeux, l'ébène de sa peau presque entièrement effacé chez ces nombreuses familles désignées sous le nom de *gens de couleur*, il restait néanmoins convaincu, que jamais le sang d'un nègre ne pouvait couler dans les veines d'un blanc.

Ce préjugé s'accroissait encore du déshonneur qui atteignait tout blanc qui se mariait avec une femme dont les ancêtres avaient habité l'Afrique avant l'Amérique. Dans les milices coloniales, ce blanc était aussitôt enrôlé parmi les hommes de couleur, dont on formait des compagnies distinctes et séparées. Mais si, humilié à Saint-Domingue, ce blanc y était riche, il envoyait ses enfants en France, où le préjugé disparaissait; là, ces enfants se mariaient; et les unions qu'ils ont contractées, quelquefois avec les plus illustres familles, les ont fait admettre à la Cour, et même au pied du trône.

Les familles de cette classe, si toutefois il en existe encore en France, ne sauraient être rangées au nombre des *habitants actuels de Saint-Domingue* dont le Roi a émancipé le gouvernement; elles doivent jouir de l'indemnité, à cause de l'impossibilité qu'il y aurait pour elles de rentrer en possession de leurs propriétés à Saint-Domingue. Aucun doute ne peut s'élever à cet égard, puisque l'article 3 de l'ordonnance royale du 17 avril 1825, ainsi que l'article 3 de la loi du 30 avril 1826, ne sauraient être autrement interprétés.

Mais revenons à ces nègres tirés des côtes d'Afrique. Nous avons dit que jamais commerce ne fut plus lucratif que celui de la traite; non que nous prétendions justifier tout ce qu'on lui reproche d'inhumain et d'immoral; mais parce que, dans la nature des choses, nous nous sommes trouvés forcés d'aborder cette question dont nous aurons bientôt à tirer de graves conséquences.

La preuve de notre assertion est, que le retour en France de chaque navire négrier dont la cargaison s'était vendue à Saint-Domingue, couvrait non-seulement les frais considérables de son armement et de son expédition, mais donnait encore un grand bénéfice, quoique ce retour ne rapportât que le produit du premier terme de la vente.

Le second terme, qui se réalisait au bout de six mois, était donc un surcroît de profit; quant au troisième terme, fixé à un an, le paiement en éprouvait quelquefois plus ou moins de retard.

C'est ce troisième terme qui a engendré et accumulé la masse énorme des dettes qui pèsent encore sur les anciens habitants de Saint-Domingue.

Les objets de consommation et de luxe étaient régulièrement payés : quant aux ventes d'immeubles, elles étaient rares à cause de la difficulté d'en réaliser la valeur, et les dettes hypothécaires qui en ont pu résulter, ne peuvent être assimilées à celles du commerce.

Celles-ci forment un capital qui n'a été produit que par le défaut de paiement du troisième terme de la vente des nègres. Ce capital était, comme on le maintient avec connaissance de cause, tout bénéfice.

Ce n'est donc que sur ce manque de profit, que portera la réduction du capital au dixième, en faveur du créancier ; au lieu que le colon son débiteur, éprouvera la même réduction sur ses propriétés mobilières et immobilières dont, même dès à-présent, la juste appréciation, reconnue impossible, ne lui donnera certainement point, pour ce dixième, une année de ses revenus.

A quelques exceptions près, toutes les maisons de commerce établies à Saint-Domingue, l'étaient par celles de France; et les chefs de ces maisons dans la colonie, n'étaient que des agents, que des commissionnaires. Voilà pourquoi les titres d'aucune des créances sur les colons n'ont pu être perdus. En effet, ces agents transmettaient régulièrement à leurs commettants leurs comptes avec les pièces à l'appui.

Mais, dira-t-on : Ils ne sont appelés à recevoir que le dixième du capital de leur créance, ou, pour mieux dire, il n'y a de saisissable par eux que ce dixième. Il semble donc qu'on ait voulu, par là, donner à leurs débiteurs le temps et la facilité de sauver ce qui doit leur rester de leur *indemnité*.

Mais, combien y aura-t-il de ces colons *indemnisés* auxquels il restera quelque chose à sauver? Peu, très-peu; on le voit déjà. Et, pourquoi? C'est que la loi du 30 avril dernier n'a été à leur égard ni juste, ni équitable, ni humaine. Elle devait affranchir de toute saisie-arrêt, les neuf dixièmes de l'indemnité du colon; mais elle n'a favorisé que son créancier à son détriment. *L'indemnité* du colon a été laissée tout entière à la disposition de ceux auxquels il doit. Elle n'est saisissable, il est vrai, que pour un dixième du capital *de chaque créance;* mais, si la masse des capitaux *de ces créances* égale ou excède le montant de la valeur attribuée à sa propriété; mais, si nulle garantie n'assure la justesse ni la régularité de l'évaluation, que lui restera-t-il? Rien, absolument rien.

D'après de semblables résultats, qu'aura donc été pour le colon, cet acte mémorable de la toute-puissance royale? En cédant la propriété de ses sujets, le monarque a voulu tempérer, adoucir les effets rigoureux de cette cession, par *une indemnité de cent cinquante millions à répartir entre les anciens propriétaires seulement.*

Mais, évincés par le fait, ces anciens propriétaires n'auront été flattés que d'une trompeuse espérance; ils auront été dupes d'une véritable illusion.

Aussi, l'ordonnance royale du 17 avril 1825, n'avait-elle stipulé qu'en leur faveur, *l'indemnité des cent cinquante millions, sans dire un mot, un seul mot de leurs créanciers;* et ce n'est qu'après coup, qu'après le long intervalle d'un an, qu'une loi subséquente est venue changer l'esprit et la lettre de cette ordonnance, en appelant ces créanciers à participer à cette *indemnité,* à s'en saisir en totalité, pour raison de leurs créances; en leur conservant l'exercice du droit commun, dont leurs débiteurs sont dépouillés en même temps qu'ils le sont de leur propriété.

L'article 9 de la loi du 30 avril dernier, a donc détruit, anéanti les effets de l'ordonnance qui devait être l'invariable régulateur de la volonté du Roi; volonté qui, d'abord, avait dévolu en totalité aux colons de Saint-Domingue *l'indemnité* sur laquelle, depuis, la main de leurs créanciers a été portée, de manière à la rendre saisissable tout entière. Cette *indemnité* n'est donc réelle que pour le créancier ; elle ne l'est point pour le débiteur.

Ministres chargés par le meilleur, par le plus humain des rois, de seconder ses intentions paternelles ; prenez donc, dans vos prévoyantes délibérations, prenez donc en considération ce déplorable état de choses qui tend à réduire au désespoir une multitude de familles !

Ces familles attendaient avec l'impatience du besoin, la cessation de leurs longues et douloureuses infortunes ; et *l'indemnité* n'y aura point mis le terme espéré ! Ainsi frappées, les secours mensuels qu'elles reçoivent, leur seront-ils du moins conservés ? Non-seulement ces secours seront réclamés à grands cris, par ces colons si cruellement déchus de l'espérance d'un meilleur avenir, mais encore par ceux d'entre eux à qui *l'indemnité* n'en pourra pas même tenir lieu. Plus malheureux, plus à plaindre qu'ils ne le sont actuellement, *l'indemnité* qu'ils recevront, réduite ou non par leurs créanciers, ne donnera pas à la majorité d'entre eux, une rente équivalente à la pension alimentaire que leur fait le Gouvernement, à cette pension qui, bien que depuis long-temps reconnue insuffisante, les empêchait au moins de mourir de faim.

Mieux réparti, le million qui figure annuellement au budjet pour cette œuvre de bienfaisance, permettrait, on ne peut en douter, de porter ce secours à un plus haut degré de justice et d'humanité.

Il est encore à faire une réflexion qui naît de la manière dont se sont opérées les liquidations déjà connues. Très-peu de ces liquidations ont été acceptées par les intéressés, sans qu'ils aient usé du droit d'appel accordé par la loi. A cet égard, il existe parmi les colons, un sentiment général d'inquiétude, qui donne la conviction que les trois quarts d'entre eux renonceraient, dès ce moment, à leur *indemnité*, afin de conserver à perpétuité, pour eux et pour leurs enfants, la pension alimentaire dont ils jouissent maintenant.

Mais reportons-nous au moyen évasif que présente au débiteur, l'article 9 de la loi du 30 avril, pour sauver de la saisie de son créancier le surplus de son *indemnité*, en supposant que ce surplus existe; par cela seul, on verra combien cette loi est vicieuse et immorale, et combien il est indispensable qu'elle soit au plus tôt modifiée, réformée; que l'article 9 surtout soit rapporté, et qu'on y en subtitue un plus équitable, puisque, malheureusement, tel est le seul parti à prendre, attendu la funeste existence de cet article dans cette loi d'ailleurs intervenue sans nécessité, et comme pour torturer le sens précis de l'ordonnance du 17 avril 1825, puisque la volonté du Roi, manifestée par cette ordonnance, a continué, depuis la loi, à s'exprimer dans des ordonnances nouvelles. En un mot, le sort des colons, tel que cette loi l'a fixé, ne doit point être plus à plaindre que celui de leurs créanciers. Il est question ici d'un naufrage commun, où la planche de sauvetage présentée par la main du Gouvernement, doit être également favorable à des Français dont les malheurs sont communs, sans être égaux sous aucun rapport; car quelle égalité pourrait exister entre la perte d'une propriété territoriale dont la valeur restait indéterminée, à cause des améliorations progressives du sol et de l'accroissement annuel de ses produits, et une créance dont le capital, isolé et limité, n'était susceptible d'autre accroissement, que celui des intérêts qu'il entraînait? Enfin, dans cet affreux naufrage, la masse des colons a tout perdu, richesses et bonheur: ses créanciers, au contraire, n'éprouvent en réalité, qu'une réduction sur des bénéfices qu'ils ont faits, et qu'ils peuvent encore faire dans cette même île de Saint-Domingue, dont la ruine enfin consommée des colons, leur ouvre les ports avec de grands avantages.

A cet égard encore, exprimons une dernière vérité: c'est qu'on ne voit aucun des anciens chefs des maisons de commerce de France qui négociaient à Saint-Domingue, réduit, comme les anciens propriétaires de ce beau pays, à implorer les secours du Gouvernement, ni à produire, pour les obtenir, un certificat d'indigence qu'il faut souvent renouveler ; ni, pressé par la misère, accourir le 10 de chaque mois, s'entasser avec eux, au ministère de l'Intérieur, dans un salon destiné à leur réunion, et sur les murs duquel on lit en grosses lettres : *Salon d'attente de MM. les Colons de Saint-Domingue.* Là, du moins pour être longue, *l'attente* n'est pas vaine ; mais elle le sera pour la majorité des colons qui ont droit à *l'indemnité*, si le funeste article 9 de la loi du 30 avril 1826 n'est pas rapporté.

NOTA. L'Auteur est d'autant plus désintéressé dans cette question, qu'il n'a à redouter la saisie d'aucun créancier.

IMPRIMERIE DE VICTOR CABUCHET, RUE DU BOULOI, N° 4.

www.ingramcontent.com/pod-product-compliance
Lightning Source LLC
LaVergne TN
LVHW010218230826
846091LV00008BB/3567

* 9 7 8 2 0 1 9 2 8 3 3 6 0 *